AF276139

La condesa Catalina
Tragedia en cinco cuadros

William Butler Yeats

Archivos Vola
removiendo el acervo
www.archivosvola.es

The Countess Cathleen
Traducción: Amando Lázaro Ros
Publicada originalmente en *Teatro irlandés*
Ediciones Aguilar, Madrid, 1963

ISBN: 978-84-128026-3-4

Impreso en España

PRESENTACIÓN

Durante una época de hambre espantosa -como aquella que a mediados del siglo XIX mató a un millón de irlandeses- los demonios, en traje de mercaderes orientales -¿o ingleses?-, andan por el campo de Irlanda comprando las almas de los pobres para salvarlos de la muerte por inanición.

El dublinés William Butler Yeats (1865-1939) consigue en esta obra crear un ambiente de horror sobrenatural, combinando aires prerrafaelitas, con tonos románticos, folclore irlandés y eterna tragedia.

Una tragedia escrita en verso, en endecasílabos libres, como el teatro de Shakespeare. En 1892, todavía se podía hacer una obra importante en ese verso.

La Condesa Catalina, en efecto, es considerada por los filólogos como una de las mejores tragedias románticas escritas en inglés; en este caso por un irlandés, que en 1923 será galardonado con el Premio Nobel de Literatura.

PERSONAJES

SHEMUS RUA, campesino.

MARIA, esposa suya.

TEIGUE, hijo de ambos.

ALEEL, un poeta.

LA CONDESA CATALINA.

OONA, su nodriza.

Dos Demonios disfrazados de
mercaderes.

Campesinos. Criados. Seres angélicos.

La acción se desarrolla en un lugar de la Irlanda
de antaño.

CUADRO PRIMERO

Cocina con fuego en el hogar; hay una puerta que da al campo, y por ella pueden verse los árboles de un bosque, silueteados en un solo color sobre un cielo de oro o adamascado. Las paredes, de un solo color. El escenario tiene un aire de ilustración de un misal.

MARIA, mujer de unos cuarenta años, está moliendo grano en un molino de mano.

MARIA.
¿Por qué agitó las alas de ese modo,
tan asustada, la gallina alas?
(*TEIGUE, mozalbete de catorce años, entra en ese momento con una carga de turba, que deposita junto al hogar.*)

TEIGUE.
Ahora que al país el hambre azota,
parece que las tumbas se pasean.

MARIA.

¿Qué pudo haber oído esa gallina?

TEIGUE.

¡Si no fuera más que eso! Hay cosas peores;
en Tubbervenach, una mujeruca
se tropezó estos días con un hombre
de anchas orejas planas; las movía
como mueve un murciélago las alas.

MARIA.

¿Por qué tu padre se retrasa tanto?

TEIGUE.

Hace dos noches, en el cementerio
de Carrick-orus, se topó un vaquero
con un hombre sin boca, sin orejas
y sin ojos; su cara parecía
una pared de carne. No fue engaño;
al claror de la luna verlo pudo.

MARIA.

Mira a ver si tu padre está llegando.

(*TEIGUE se asoma a la puerta.*)

TEIGUE.

¡Madre, madre!

MARIA.

¿Qué ocurre?

TEIGUE.

En la maleza
dos pajarracos andan, si es que pájaros
se los puede llamar; porque el follaje
verlos con claridad no me permite.
Su color y su forma es de lechuzas,
pero seguro estoy de que ambos tienen
caras humanas.

MARIA.

¡Válganos la Virgen!

TEIGUE.

En mi tienen clavadas sus pupilas.
"¿Qué adelantamos con rezar? -mi padre
suele decir-. Dios y la Virgen Santa
se durmieron y no oyen nuestras preces.
¿Qué les importa que esta tierra nuestra
lance chillidos lastimeros, como
conejo al que el hurón clava el colmillo?"

MARIA.

Esas blasfemias traerán desgracias
sobre tí, sobre mí, sobre tu padre,
¡Ojalá que se hallase ya de vuelta!
Mas ya está aquí.

(Entra SHEMUS.)

¿Qué te retuvo, dime,
en los bosques? Bien sabes que me asaltan
toda clase de miedos; que recelo,
mientras ausente estás, mil cosas malas.

SHEMUS.

De humor no vengo para oír tus chácharas.
Medio día los bosques he batido
sin cobrar presa alguna; hasta las ratas,
los tejones y erizos sucumbieron
a la sequía atroz que padecemos;
entre el follaje requemado, apenas
si se veía un pájaro.

TEIGUE.

No traes
nada para comer, por lo que veo…

SHEMUS.

En las encrucijadas, ya cansado,
entre mendigos me senté y mi mano
quiso pordiosear una limosna.

MARIA.

¿Qué dices? ¡Mendigar!

SHEMUS.

No pude hacerlo.
Al verme, los mendigos protestaron
de que otro compartiese las limosnas,
y a palos y pedradas me ahuyentaron
lejos de allí.

TEIGUE.

Traernos prometiste
alimento o dinero.

SHEMUS.

¿Qué hay en casa?

TEIGUE.

Un mendrugo de pan enmohecido.

MARIA.

Y harina con que amase yo otra hogaza.

TEIGUE.

¿Y cuando la comamos?

MARIA.

Su hora entonces
le habrá llegado a la gallina parda.

SHEMUS.

¡Malditos sean los mendigos! ¡Caiga
sobre ellos mi anatema!

TEIGUE.

Ni un penique
queda en la casa.

SHEMUS.

Muerta la gallina,
tendremos que comer las acederas;
masticaremos verde a boca llena
hartándonos de malvas y amargones.

MARIA.
El Dios que hasta hoy nos proveyó de sopa
y de un bocado en que clavar el diente
mirará por nosotros.

SHEMUS.
Su cocina
monda está... A cinco puertas me he asomado
para mirar al interior, y en todas
muerta yacía la familia y nadie
para velar sus cuerpos allí había.

MARIA.
Tal vez Dios quiera que muramos todos,
porque Él sabe que cuando las pupilas
se apaguen para siempre, y los oídos,
aquellas no verán ya iniquidades
ni estos escucharán palabras necias.
                    (Se oye fuera un instrumento de cuerda.)

SHEMUS.
¿Quién cruza por delante de la puerta
y nos lanza la burla de su música?

TEIGUE.

Es un joven quien toca, y le acompañan
una señora anciana y una dama.

SHEMUS.

¿Qué le importa a una dama el sufrimiento
de los pobres? Para ella es una salsa
de rábanos amargos en su plato
de carne, y nada más.

MARIA.

¡Que Dios se apiade
de los ricos! Si hubiésemos cruzado
nosotros el umbral de tantas puertas
a la brillante luz de los hachones;
si sobre mesas relucientes visto
hubiésemos las fuentes del banquete,
seríamos quizá duros como ellos,
y, en fin de cuentas, siempre queda el dicho
del camello y el ojo de la aguja.

SHEMUS.

¡Maldito sea el rico!

TEIGUE.
Hacia aquí vienen.

SHEMUS.
Déjate, pues, caer fláccido y triste
en ese banco, y habla quejumbroso.
Hazlo rápido, ¡vamos!, tu cabeza
apoya desmayado en tus rodillas.

MARIA.
¡Si asear esto un poco yo pudiera!
                    (Entran CATALINA, OONA y ALEEL.)
CATALINA.
Dios guarde a cuantos moran en la casa.
Buscando vengo yo por estos bosques
una mansión, o más bien un castillo,
con huerta, manzanar y con jardines
floridos.

MARIA.
Conocemos ese sitio;
está cercado de insalvables muros
para que el sufrimiento nunca pueda
dar con él, ni las penas de este mundo.

CATALINA.

Quizá seamos ese sufrimiento
y esas penas nosotros, pues llevamos
una hora vagando por los bosques
sin poderlo encontrar, y, sin embargo,
conocer debería yo el camino,
pues en esa mansión pasé la infancia.

MARIA.

Entonces sois, sin duda, la condesa
Catalina.

CATALINA.

También mi acompañante
Oona debería recordarlo,
porque en esa mansión pasamos muchos
años felices.

OONA.

Pero los caminos
los ha cubierto ha tiempo la maleza,
si es que mi vista no ha sufrido un cambio.

CATALINA.

Y este joven al que hemos encontrado

en la linde del bosque y que debiera
conocerlo mejor porque avanzaba
como una ola del mar, cantando siempre,
no nos sirve de nada; está embozado
en visiones de espantos inminentes.

MARIA.
    Aun os queda un buen trecho. Yo el camino
os mostraré que vuestros servidores
trillan en sus visitas al mercado.
Pero antes descansad aquí; sentaos.
Mis padres han servido a vuestros padres
desde tiempos antiguos, tan remotos,
que los libros no alcanzan a contarlo;
raro parecería que no os diera
la bienvenida a vos y a vuestro séquito.

CATALINA.
    Y más extraño fuera todavía
que a tan cordial acogimiento, ingrata
yo me mostrase..., pero debo irme,
que va a cerrar la noche.

SHEMUS.
    Hace ya mucho

que pan no tengo ni con qué comprarlo.

CATALINA.

Según eso, hasta aquí ha llegado el hambre;
hasta este bosque, en el que imaginaba
que nada encontraría yo cambiado...
Pero era una ilusión; ese gusano,
tan viejo como el mundo, se abre paso
con diente roedor por donde él quiere.

(Le da dinero.)

TEIGUE.

Oh bella dama, a mí también dadme algo;
desfallecido de hambre y sed, ha poco
me desplomé, y estuve un largo rato
en el umbral, tendido como un leño.

CATALINA.

Eso que di lo he dado para todos
y era cuanto tenía. He aquí mi bolsa.
Mira: vacía está; por entre hambrientos
-mujeres y hombres- hasta aquí he llegado.
A ellos les di el dinero que llevaba.
Quédate con la bolsa, quizá tengan
algún valor sus cierres: son de plata.
Y si vienes mañana a mi palacio,

el doble te daré por rescatarla.

(ALEEL empieza a tocar el instrumento.)

SHEMUS *(Farfullando.)*
¿Música? ¡Para músicas estamos!

CATALINA.
No censures las manos que las cuerdas
hacen vibrar; los médicos me ordenan
huir de nuestros tiempos desgraciados
y buscar distracción al pensamiento.
Si no lo hago, el dolor me llevaría
a la tumba.

SHEMUS.
Señora, nada he dicho.
Las gentes de mi clase a lamentarse
nunca tienen derecho.

OONA.
¡Pues no hables!
Dolores que ella solo conocía
por descripciones que ha leído en libros,
abruman su alma cual si suyos fueran.

(Salen OONA, MARIA y CATALINA. ALEEL mira desafiador a SHEMUS.)

ALEEL. *(Cantando.)*
Si mi locura fuera de enamorado,
yo sé en quién mediría su alcance y grado.
Sé muy bien las cabezas que rompería,
porque los locos tienen doble energía.
Sé muy bien... ¡Cada loco siga en sus trece!
Mofa del amor hace quien escarnece
la música. Si loco de amor yo fuera,
ni un instante entre dudas permaneciera.
Sin andar eligiendo, muy bien sabría
las cabezas estultas que rompería...
(Castañetea los dedos en la cara de SHEMUS. Da un paso hacia la puerta y se vuelve.)
La puerta atranca ahora, antes que cierre
la noche; nadie puede estar seguro
de quién ronda, ni sabe en qué figura
vuela por los espacios algún monstruo
salido del averno; hace un segundo
sobre nuestras cabezas, en la sombra,
dos lechuzas siniestras huchearon.
(Hace mutis y su música se apaga a lo lejos. Sale a escena MARIA. SHEMUS ha estado contando el dinero.)

SHEMUS.

De modo que ese estúpido se ha ido.

TEIGUE.

Sí; y él también ha visto las lechuzas.
De mal agüero son, pero quién sabe
si sobre su cabeza la desgracia
caerá.

MARIA.

A su señoría no habéis dado
las gracias.

SHEMUS.

¡Darle gracias de un ardite
de plata y siete míseras monedas!

TEIGUE.

¿Y de esta bolsa?

SHEMUS.

¿Qué hay que agradecerle,
si esta vacía, o qué supone el doble
de su valor, como ella ha prometido?
La carne, el pan, todos los alimentos

tienen precios que nunca conocieron
los hombres, encarecen día a día.

MARIA.
Nos ha dado cuanto a ella le quedaba.
Vació su bolsa a nuestros ojos mismos.

SHEMUS. *(A MARIA, que ha ido a cerrar la puerta.)*
Deja de par en par la puerta.

MARIA.
Cuando
aquellos que leer saben, y han visto
las siete maravillas de este mundo,
temor sienten de aquello que se mueve
encima o en la entraña de la tierra,
hora es de que la puerta atranque el pobre.

SHEMUS.
No sufriré cerrojos, que prefiero
en mi casa acoger lo que se mueve
encima o en la entraña de la tierra,
que a un ser humano más, sea rico o pobre.

TEIGUE.

El caso es que nos traiga algún dinero.

SHEMUS.

Tengo oído decir que se aparece
en forma de ave blanca, algo así como
una paloma, acaso una gaviota,
o algo por ese estilo; y si le pegas
una pedrada o das un estacazo,
suena como si fuera hecha de bronce;
y si ahondas allí! donde ella escarba,
encontrarás una olla llena de oro.

TEIGUE.

Sonar con oro tres noches seguidas
es señal infalible de que hay oro.

SHEMUS.

Antes de que lo extraigas de la entraña
de la tierra, quizá te has muerto de hambre.

TEIGUE.

Si los invocas, ocurrir pudiera
que algo se presentase; en estos días
han sido vistos.

MARIA.

   ¿Pretendéis acaso
invocar al demonio? ¿Hacer que vengan
a esta casa los diablos de los bosques?

SHEMUS.

   ¡Toma, para que no vuelvas a erguirte
contra mí, ni a decirme si a este puedo,
o al otro no, acoger en esta casa!

                       (La golpea.)

   ¡Así sabrás quien es en ella el amo!

TEIGUE.

   Diles que vengan.

MARIA.

   ¡Dios nos tenga a todos!

SHEMUS.

   Reza, mujer, si el rezo te acomoda.
¡Sí que le importan mucho tus palabras
a esas orejas siempre adormiladas
que en lo alto escuchan! Pero a quien yo quiera
he de llamar.

TEIGUE.

Oí decir que muchos
han recibido de ellos su dinero.

SHEMUS. *(Desde la puerta.)*

Oídme, los que el bosque recorréis por las noches,
con tal que de un sepulcro la losa funeraria
no hayas alzado -porque nada quiero con hombres-.
Si me habláis como amigos, si en vuestras manos
      dádivas
me traéis, a mi casa yo os doy la bienvenida.
Venid y junto al fuego tomad asiento. Nada
me importa que la testa tengáis bajo los brazos,
ni que azotéis con cola de crines vuestra espalda,
o que os vistáis de plumas, en lugar de cabellos.
Muy poco a mí me importan apariencias extrañas.
Compartiréis conmigo cuanto en mi casa tengo,
la poca o mucha carne, la tierna o dura hogaza;
con los pies extendidos en las tibias cenizas
todo compartiremos, todo, en un toma y daca,
y nuestras maldiciones juntas descargaremos
sobre los hombres todos, sobre todas las damas.
Entrad, entrad. ¿Acaso ahí fuera no ande nadie?
            (Se retira de la puerta.)
¡Y que luego me vengan a decir que los diablos

abundan cual los tallos de la hierba en el prado,
y que incluso cabalgan sobre las hojas mismas
del libro en que sus rezos el sacerdote lee!

(*TEIGUE levanta lentamente un brazo, apuntando
hacia la puerta, y empieza a retroceder. SHEMUS se
vuelve, y ve también algo que le hace caminar hacia
atrás. MARIA hace lo propio. Entra un hombre ata-
viado de mercader oriental, con una alfombrita en
una mano; la extiende en el suelo y se sienta en un
extremo de ella con los pies cruzados. Le sigue otro
hombre que lleva indumentaria parecida, y se sienta
al otro extremo de la alfombrita. Todo eso lo hacen
con movimientos pausados y meditados. Una vez que
ambos se sientan, empiezan a sacar monedas de las
bolsas bordadas que llevan colgando de las fajas y las
van disponiendo encima de la alfombra.*)

TEIGUE.
Habladles vos.

SHEMUS.
Hazlo tú mismo.

TEIGUE.

Fuisteis
quien los llamo.

SHEMUS. *(Acercándose.)*
Perdonen que me atreva
a preguntar a ustedes si algo quieren
de nosotros. Aunque seamos pobres,
si en algo serles útiles podemos,
si en algo, claro está...

MERCADER 1.º
Largo camino
hemos hecho nosotros, mercaderes
que el mundo todo vamos recorriendo.
Ahora buscamos cena y un buen fuego,
y un seguro rincón para el recuento
de los caudales.

SHEMUS.
Yo pensé que ustedes...;
pero eso ahora no importa. Entre mi esposa
y yo hemos tenido unas palabras.
Le hice saber que aquí era yo el amo,
y que a quien me agradase invitaría
a entrar en esta casa, y fue por eso

por lo que... Mas no viene ahora al caso,
porque veo sin duda que vosotros
sois mercaderes solamente.

MERCADER 1.º
En nombre
del que es señor de todos los tratantes
viajamos por el mundo.

SHEMUS.
No me importa;
aunque fuerais lo que hace unos momentos
me imaginaba yo, aun así os diera
la bienvenida. Mas seáis quien fuereis,
cena tendréis al precio del mercado,
es decir, que lo que antes un penique
costaba, ha de costaros hoy cincuenta.

MERCADER 1.º
Ordenes nos ha dado el señor nuestro
de pagar precios tales, que quien trato
haya hecho con nosotros pueda siempre
comer, beber, vivir con alegría.

SHEMUS. *(A MARIA.)*
Muévete ya, mujer, y la gallina
mata y destripa. Yo y Teigue, en tanto,
pondremos la vajilla y ese fuego
avivaremos.

MARIA.
Cocinar no quiero
para ti.

SHEMUS.
Que no quieres... *(A ellos.)*
No se irriten,
señores. Es que quiere devolverme
los golpes que le di cuando tuvimos
esa disputa que les dije, pero
pronto entrará en razón. Desde que reina
la carestía, todos nos hablamos
con frases broncas, como si cuchillos
fuéramos, arrojados a un dornajo,
para limpiarlos de su roña.

MARIA.
He dicho
que no cocinaré, porque te he visto

hace un momento y fuera de esa puerta,
maquinando maldades vergonzosas.

TEIGUE.

Señores míos, lo que ocurre es esto:
mi padre habló inconsideradamente,
y ella cree que sois de aquellos seres
que no proyectan sombra.

SHEMUS.

Lo que dije
fue que a los diablos mismos de los bosques
daría acogimiento en casa, si ellos
comer querían y beber conmigo;
pues bien, señores: fuera está de duda
que sois hombres lo mismo que nosotros.

MERCADER 1.°

Es cosa rara que ella haya pensado
que nuestro cuerpo no proyecta sombra,
porque no hay sobre el lomo de la tierra
nada más consistente y de más tomo
que el mercader que todo os compra y vende.

MARIA.
Si demonios no sois, dad alimento
o dinero a los pobres que se mueren
de hambre, ya que exponéis riquezas tantas
en esta alfombra, enfrente de nosotros.

MERCADER 1.º
Si supiésemos dónde hallar un pobre
que lo merezca, sin duda haríamos
nuestro deber.

MARIA.
Buscadlo con paciencia.

MERCADER 1.º
De la simplona caridad los daños
conocemos.

MARIA.
Escrúpulos como ese
pueden pasar en tiempos ordinarios.
En los que corren hoy, creo, señores,
que nada está en su sitio; la balanza
se ha trastornado, haciendo caso omiso
de orgullos y prejuicios.

MERCADER 1.º
  ¿Y si acaso
  más prudente recurso hemos pensado?

MERCADER 2.º
  Si cada cual nos trae una poquita
  mercancía, nosotros pagaremos
  por ella un precio que jamás soñara
  quien nos la venda.

MARIA.
  ¿Y cómo los hambrientos
  nada van a ofrecer que valor tenga?

MERCADER 1.º
  Todos los hombres y mujeres tienen
  lo que nosotros a buscar venimos.

MARIA.
  Vacas, cerdos, aperos y sus campos
  vendieron ya.

MERCADER 1.º
  No todo lo han vendido.
  Hay una cosa etérea, que acaso

es ilusión sin realidad- aunque eso
sea un riesgo que corre el que la compra- ,
un yo invisible al que inmortal llamamos
por decir algo.

SHEMUS.
Entonces, ¿nuestras almas
ustedes vienen a comprar, señores?

TEIGUE.
A vender yo la mía estoy dispuesto.
¿Por una cosa que quizá no existe
hambres he de pasar?

MARIA.
Teigue y Shemus...

SHEMUS.
¿Qué puede ser el alma? ¡Un puro nada!
¿Acaso Dios sacó otra cosa que hombres
de su talego? Satanás al menos
paga en moneda.

TEIGUE.
¡Y ante tal blasfemia

no cae un rayo ni retumba el trueno!

MERCADER 1.º
Hay para cada cual dinero a espuertas.
                    (*SHEMUS va a coger el dinero.*)
Aun no, porque antes quiero yo poneros
a una tarea.

SHEMUS.
Sois tan embusteros
como todos; habláis de comprar algo
que no es sino vapor; vuestras palabras
son también simple pan de fantasía.
Debí yo suponérmelo: así hablan
los pícaros del timo del cambiazo.

MERCADER 1.º
Este dinero aquí apartado, el precio
es del trabajo que he de señalaros.
Por separado pago cada cosa,
y solo pago si el trabajo es hecho.

TEIGUE.
Acepto yo también las condiciones.

MARÍA.

¿Oís esto, oh Dios mío, y estáis quieto?

MERCADER 1.º

Solo os doy por tarea que en los cruces
de todos los caminos, en las puertas
de casas y cabañas, deis pregones
de que compramos almas, almas de hombres,
y pagamos por ellas precios tales
que con ese dinero podrán todos
vivir hartos, alegres, descansados,
hasta que acabe el hambre en esta tierra.
Porque somos cristianos.

SHEMUS.

Vamos, hijo.

TEIGUE.

He de correr hasta que el precio tenga
ganado...

MERCADER 2.º *(Se ha levantado y acercado al fuego.)*
Espera, que obras son amores
y no bellas palabras. Tomad eso,
                    (Les tira al suelo tina bolsa de dinero.)

para sustento mientras dure el viaje.
Vivid a vuestro gusto, que vuestro Amo
es generoso.

> *(TEIGUE y SHEMUS se han detenido,*
> *y TEIGUE recoge el dinero. Salen.)*

MARIA.
　Asesinos de almas, Dios es grande
　y ha de acabar muy pronto con vosotros.
　Os secaréis como hojas amarillas,
　y clavados seréis sobre las puertas
　del Señor como muertas alimañas.

MERCADER 2.º
　Desahógate, mujer, maldiciendo a tu gusto.
　Lo que los santos sueñan será realidad.

MERCADER 1.º
　Aunque alimañas somos que el Señor nuestro envía
　para infestar el mundo, un día ha de llegar
　en que El mismo destroce las pálidas costillas
　de la luna, y los astros ciegue en noche ancestral.

MARIA..
　Dios es Omnipotente.

MERCADER 2.º

Bien lo habrás menester.
Reza, porque las malvas han de ser tu yantar,
o el amargón y el césped; y ese umbral tan bajito
será para ti un muro que escalar no podrás.
Cuando sobre tus manos no puedas arrastrarte,
a tu lado estaremos.

(MARIA se desmaya.)

Junto a ti nos verás.

MERCADER l.º *(Recoge la alfombra, la extiende delante del fuego y permanece en pie delante de este, calentándose las manos.)*

La cara hemos sacado sin un rasguño. Ahora
retuércele el pescuezo a esa ave de corral.
Desparrama la harina, registra los estantes;
quizá encuentres en ellos una hogaza de pan.
Ensartemos el ave y que el espetón gire
hasta que la tengamos a punto de dorar,
y cenemos, que el mismo dueño nos ha invitado.
Ahora que la casa tan silenciosa esta,
loemos a nuestro Amo, y en la ceniza tibia
calentémonos ambos el frío calcañar.

Sobre telón corrido, que representará un bosque, y quizá en uno de sus lados el panorama lejano de una casa; pero todo en color plano, sin luz ni sombra, y contra un fondo adamascado o de oro.

La Condesa CATALINA entra apoyándose en el brazo de ALEEL; tras ellos, OONA.

CATALINA.. *(Deteniéndose.)*
  También este rincón, que es tan frondoso,
  perfumado de aromas de colmena
  silvestre, una leyenda
  tendrá seguramente.

OONA.
  Al fin llegamos
  a la casa. Allí está.

ALEEL.
  Dicen que un hombre

estaba enamorado de Maeve,
la reina de las huestes invisibles,
y que murió de amor hace mil años.
Cuentan que cuando trota por el cielo
y, en su rotundidad, a lo más alto
de su carrera llega ya, la luna
deja a las danzarinas que en su ronda
le acompañan, y allí triste se acuesta,
en ese sitio llano,
y por espacio de tres días
permanece tendida, suspirando
 y las lágrimas corren por sus pálidas
mejillas dilatadas.

CATALINA.
    Su amor es, pues, sincero.

ALEEL.
    Nada de eso,
    señora mía, que la luna llora,
    porque ha olvidado del galán el nombre.

CATALINA.
    Si la luna tuviera un poco seso,
    borrara ese dolor con un buen sueno,

aunque ha de ser dolor muy grande
olvidarse del nombre del galán...

OONA.
He ahí vuestra casa, mi señora.

ALEEL.
Ella, Maeve, duerme muy arriba,
en lo alto del Knocknary tempestuoso,
sobre un antiguo túmulo de piedras,
en tanto que sus pobres compañeras
flotan y dan bandazos en el piélago
si dormir quieren, pues del piélago ellas
nacieron a la luz; mas si Maeve
las llama por su nombre,
saltan volando a tierra y danzan
hasta que el seso pierden, pero entonces
se enamoran lo mismo que los hombres;
son como ellos pacientes y sufridas.
Pero nada retienen sus cabezas;
su memoria es tan pobre que lo olvida
todo, aunque lloran ellas su desgracia.
Lloran, si, lloran, y eso ocurre
cuando la luna está en su plenilunio.

CATALINA.

Quizá sus vidas son tan largas
porque tienen tan corta la memoria.

ALEEL.

¿Qué es la memoria sino la ceniza
que cubre nuestras brasas cuando el fuego
empieza ya a extinguirse?
Tened en cuenta que esas danzarinas
tienen un fuego eterno que da vértigos.

OONA.

Ahí tenéis vuestra casa, mi señora.

CATALINA.

Tienes razón, Oona, ni siquiera
la vimos al cruzar delante de ella.

ALEEL.

Sobre ti caiga, casa entremetida,
mi maldición. De haberte tú ocultado,
yo habría descubierto lo que piensa,
cuando la luna esta roída
esa reina Maeve,
y si sus danzarinas,

hoy lo mismo que antaño,
su amor fugaz consagran a los hombres.

(Cantando.)

Alzad de la túnica el borde;
escuchad la canción acorde
de estas jóvenes danzantes,
que hace solo unos instantes
suspiraban con pena honda,
bailando en ronda,
por los corazones que antaño
sufrieron por ellas
mortal desengaño.
¡Por ellas, por ellas!

OONA.
Bien suena el pandero nuevo.

ALEEL.
Ya cambia la danza.
¡Arriba la túnica!
Esa pena única
con ritmo endiablado
sus pies han matado.

OONA.

　¡Hombres sin seso! Oíd, señora mía:
　descansad en mi brazo,
　que es por lo menos brazo cristianado,
　y no como otro, que, si a juzgar vamos
　por el modo de hablar, nunca lo ha sido.
　Pero haced vuestro gusto, que es ya hora
　de que a mí me olvidéis; quizá no es este
　el brazo en que dormisteis cuando erais
　tan desvalida como pobre oruga.

ALEEL.

　Quedaos junto a mí hasta que lleguemos
　a vuestra casa.

CATALINA.. *(Sentándose.)*

　Cuando me repose,
　no he de necesitar ayuda alguna.

ALEEL. *(A OONA.)*

　Quise lograr que al menos diez minutos
　dejase de pensar en los desastres
　de estos calamitosos tiempos. Y ahora
　vos os entremetéis cuando ya siete
　habían transcurrido.

43

OONA.

¿Qué me importa
lo que decís, si no estáis bautizado?

ALEEL

Anciana, vos le habéis ya sustraído
tres minutos de paz del alma...
Aunque viváis un siglo y al mendigo
lavéis los pies y deis largas limosnas,
nunca obtendréis perdón de ese pecado...

OONA.

¿Cómo sabe quien no está bautizado
lo que el cielo perdona?

ALEEL.

¡Oh pecadora!

OONA.

Hago de lo que habláis el mismo caso
que si oyera el gruñido de un cochino.
                    (Entra el MAYORDOMO de CATALINA.)

MAYORDOMO.

Mía la culpa no es. Cerré las puertas

de entrada. El guardabosques es culpable.
Los asaltantes se metieron dentro
por la esquina del Este, en que hay un olmo.

CATALINA.
No lo entiendo. ¿Quién se ha metido dentro?

MAYORDOMO.
¡Gracias a Dios, que yo soy el primero
en daros la noticia; me temía
- aunque al acecho estaba- que algún otro
servidor se me hubiese adelantado,
mezclando las verdades con mentiras!

CATALINA.. *(Levantándose.)*
¿Ha ocurrido aquí acaso una desgracia?

MAYORDOMO.
Ha ocurrido, señora: el guardabosques
dejó que algunas ramas descansasen
sobre el muro de cerca, y es culpable
de lo ocurrido, pues los vagabundos
por ese medio entraron en la huerta.

CATALINA.

Pensé estar aquí a salvo de desgracias
¿Hubo algún muerto?

MAYORDOMO.

¡Oh, no! Muertos, ninguno.
Robaron solo un carro de repollos.

CATALINA.

Hambrientos quizá estaban.

MAYORDOMO.

Eso es cierto.
Robar o morir de hambre. No tenían
más que esa alternativa.

CATALINA.

Un docto teólogo
la doctrina sentó de que el hambriento
puede de lo preciso apoderarse
para saciar sus hambres, y no peca.

OONA.

¡Ladrón y sin pecado! En la albardilla
del muro hay que poner trozos de vidrio.

CATALINA.

Pero aunque peque, si su fe conserva,
Dios no podrá por menos que salvarlo.
No hay alma de hombre que a otra igual no sea,
ni que a amor divino sea extraña,
puesto que es infinito, y, por lo tanto,
ni siquiera del hombre más perverso
se pierde irremisiblemente el alma.

(Entran TEIGUE y SHEMUS.)

MAYORDOMO.

¿Dónde vais con tal prisa? Descubríos, patanes.
¿Acaso no habéis visto quién está ahí?

SHEMUS.

No puedo
detenerme, que llevo la mejor nueva al mundo
de cuantas le han llegado desde hace ya un milenio.

MAYORDOMO.

Si eso es verdad, reposa y dínosla.

SHEMUS.

Supieras
tú esta noticia mía, y como yo ligero
sin descansar un solo momento correrías.

TEIGUE.

Llevarnos han en hombros
cuando esta nueva demos.

SHEMUS.

Hay un algo que el hombre siempre llevó consigo
sin jamás dedicarle un solo pensamiento,
teniéndolo en la estima de bocanada de aire,
¡Y en el mercado ese algo alcanza un alto precio
de pronto, porque surgen ansiosos compradores!

TEIGUE.

¡Y hasta ahora lo tuvimos por cosa de desecho,
tan inservible como las mondaduras de uña!

SHEMUS.

Yo suelto a todo trapo la risa cuando pienso
que el que en yacija astrosa por los establos duerme
podría echar carruaje tan solo con venderlo.

TEIGUE.

Dos señores llegaron que compran
almas de hombre.

CATALINA.

 ¡Oh Dios!

TEIGUE.

 ¡Y quizá el alma no existe! ¡Eso es lo bueno!

MAYORDOMO.

 Locos son o borrachos están.

TEIGUE.

 ¡Y que las pagan
bien!

(Muestra el dinero.)

SHEMUS. *(Tirando monedas a lo alto.)*
 " ¡Recorred el mundo! ¡Pregonadlo!", dijeron.
Dan dinero por almas; en muy buenas monedas
se paga cada alma.

CATALINA.

 Id, recobrad las vuestras,
aunque el doble os exijan de lo que ellos os dieron.
Aunque os exijan veinte veces más. Yo os lo pago
todo.

SHEMUS.

    ¡Por vida mía! Ni este ni yo lo haremos.

    Si las almas existen, y eso nadie lo sabe,

    son ellas las que privan de sus goces al cuerpo.

    Yo voy a emborracharme para así estar alegre.

    ¡Sígueme, pues!

(Sale de escena.)

CATALINA.

    Pensadlo, que hay otro mundo luego.

SHEMUS.

    Aunque lo haya, en las manos de quien

          paga en moneda

    por las almas que compra, ponerme yo prefiero

    que no en aquellas otras que solo hambres sacaron

                (Sale cantando alegremente.)

    para todos nosotros del fondo del talego.

    ¡Dinero por un alma, monedas amarillas!

    ¡Se pagan almas de hombre con hermoso dinero!

CATALINA. *(A ALEEL.)*

    Id, decidles que vuelvan y traedlos

    aunque sea a la fuerza. Suplicadles,

    cohechadlos, poned todos los medios.

(ALEEL sale.)

Ve tras ellos también, y une tus súplicas
a las de ese hombre.

(*OONA, que rezaba, sale también.*)

Mayordomo, tú sabes los secretos
de mi casa. ¿Qué suman mis caudales?

MAYORDOMO.
Cien barrilitos de oro.

CATALINA.
¿Cuánto tengo en castillos?

MAYORDOMO.
Quizá suba a otro tanto.

CATALINA.
¿Cuánto valen mis prados y dehesas?

MAYORDOMO.
Más o menos igual...

CATALINA.
Cuanto poseo,
salvo esta casa, vende; te lo ordeno.
Ve luego a donde quieras y el dinero

51

trueca en rebaños de ganado y barcos
que cargarás de harina, y vuelve pronto.

MAYORDOMO.
   ¡Derrame Dios sobre su señoría
   sus bendiciones y su luz! ¡Con ello
   a esta tierra salvado habréis!

CATALINA.
   No tardes.
                    (El MAYORDOMO sale par la izquierda.
                          Entran ALEEL y OONA.)
   Según veo, no vuelven. Decid lo que ha pasado.

ALEEL.
   Uno de ellos, furioso, de cuchillo ha tirado;
   dijo que al que tratase de cortarle el camino
   lo mataría: entonces llegó en su desatino
   hasta tirarme al brazo tremenda cuchillada;
   me alcanzó, como veis, pero mi herida es nada.

CATALINA.
   Ordenaré que os curen, pero desde este día
   nunca dolores propios tendré ya, ni alegría...

OONA.

Brillo de aves de presa tenían en sus ojos.

CATALINA.

Seguidme. Me parece que estoy pisando abrojos
hasta que mi palacio convierta en un asilo
en que el viejo, el doliente, quien tiene al alma
en vilo,
del pico y de la garra estén allí seguros.
Entrarán todos hasta que revienten los muros
y el techo caiga sobre nosotros como un río.
Desde hoy en adelante ya nada tengo mío.

OONA. *(Vendando, mientras habla, la herida del brazo
de ALEEL.)*

Ha encontrado tarea donde emplear su brío.
Usted y yo contamos para ella por igual:
lo que dos moscas tontas de invierno en un cristal.

Cuadro tercero

Salón-vestíbulo en la casa de la condesa Catalina. A mano izquierda, una capilla, a la que se sube por unos escalones. A mano derecha, una pared con un tapiz, construida más o menos siguiendo las líneas de la capilla, y un gran sillón con el respaldo apoyado en la pared. Al fondo, dos o más arcos, por cuyos huecos se distinguen confusamente los árboles del jardín.

CATALINA está arrodillada en la capilla, delante del altar, sobre el que hay suspendida una lámpara. Entra ALEEL.

ALEEL.
    A suplicaros vengo que el castillo
    abandonéis, y huyáis de estos sus bosques.
                    (CATALINA se levanta, se retira del altar
                            y se sitúa en el vestíbulo.)

CATALINA.
    ¿Qué peligro o qué mal en este sitio

reina, que en todas partes no vayamos
a encontrar, desde aquí hasta las orillas
del mar?

ALEEL.
  Quienes me envían van y vienen
  invisibles.

CATALINA.
  Verdad es, según eso,
  lo que de vos oí decir a muchos,
  a saber: que oye y ve cosas que escapan
  a los ojos y oídos de la gente.

ALEEL.
  Dormido estaba, y mientras yo dormía
  mis ensueños trocáronse en hoguera,
  y en medio de la hoguera alguien andaba,
  con pájaros en torno de su frente.

CATALINA.
  Según oí decir, un dios habla,
  entre los viejos dioses, de esa traza.

ALEEL.

Es posible más bien que un ángel sea,
y él me ordenó, señora, que os aleje
de estos bosques. Por toda compañía
solo habréis de llevar vuestra nodriza
y algunos pocos servidores; luego,
a vivir habéis de ir a las colinas,
y allí entre notas musicales suaves
y el centelleo rumoroso de aguas,
esperaréis a que los días tristes
hayan pasado; por aquí, al acecho
de vuestra vida, está una muerte horrible,
un peligro jamás imaginado,
una lóbrega noche que las fábulas
ni siquiera soñaron, una noche
que ni el claror del sol o de la luna
conseguirían desgarrar.

CATALINA.

No es ángel
quien tal ordena.

ALEEL.

Quedará esta casa
a cargo de un anciano fiel y serio,

al que diréis que dé pan y cobijo
a todo vagabundo, a todo hambriento,
mientras haya comida, espacio y techo.

CATALINA.
Me ordena, según veo, que me marche
lejos de las mortales criaturas,
a sitios donde el cisne chapalea
solitario; allí vos vibrar las cuerdas
del arpa haríais, cuando ya los árboles
proyectasen en torno a nuestra puerta
una tupida sombra, y hablaríais
entre el susurro de las cañas tiernas,
cuando la noche hubiese perseguido
al indiscreto sol con su silencio
y sus pálidos cirios. Yo no puedo,
no puedo hacerlo, no. Y aunque ahora lloro,
no lloro por lo bella y lo dichosa
que esa vida sería, y porque, en cambio,
no descubro un camino ni un propósito.
Tampoco lloro porque vuestro rostro
contemplar anhelase con sosiego.
Lloro porque una noche de oraciones
me ha dejado cansina y fastidiada.

ALEEL. *(Postrándose delante de ella.)*
  ¡Que Aquel que al hombre, al ángel y al demonio
  creó, y la carestía y la abundancia,
  arregle su obra! Cuando nuestro esfuerzo
  ha sido inútil, y los ojos siguen
  sin cerrarse, el dolor ha sido en vano.

CATALINA.
  ¿Qué justificación eso tendría?

ALEEL.
  ¿Qué otra sino el curaros de la herida?

CATALINA.
  Vos testigo habéis sido de mis lágrimas;
  yo lo soy de que tiemblan vuestras manos
  sobre el suelo.

ALEEL.
  Mi único pensamiento
  fue curaros. Aquel ser era un ángel.

CATALINA. *(Apartándose de él.)*
  No era un ángel; era uno de los dioses
  viejos que por el mundo van y vienen

queriendo despertar los corazones
soberbios e impetuosos, que los ángeles,
abandonando hasta el noveno cielo,
adormecer quisieran acunándolos.
*(CATALINA va hacia la puerta del oratorio; ALEEL
extiende las manos hacia ella un instante, titubean-
do, y luego las deja caer a los costados, lacias.)*
No me tendáis las manos suplicantes.
Jamás despertará el corazón mío
a cosas terrenales. He jurado,
por Aquella cuya alma traspasaron
siete espadas, orar arrodillada
delante de este altar, hasta que crezca
mi corazón como un árbol gigante
y llégué al cielo; y una vez en lo alto,
que de sus frondas el susurro agite
hasta que Dios se apiade de mi pueblo.

ALEEL. (En pie.)
Cuando quien es tan grande, a un ser pequeño
como yo soy, de amor le habla, aunque sea
para negarle el suyo, ¿qué otra cosa
sino tender sus manos suplicantes
puede él hacer, y luego, con desánimo,
dejarlas caer lacias al costado,

con la conciencia de su atrevimiento?
*(Se dirige hacia la puerta del vestíbulo. La condesa
CATALINA da unos pasos hacia él.)*

CATALINA.
  Si las viejas leyendas no nos mienten,
  reinas hubo casadas con pastores,
  y reyes con las hijas de mendigos;
  la inspiración creadora, don del cielo
  que fluye de vuestra alma, por encima
  os coloca de reyes y de reinas.
  No sois vos, sino yo, el jarro vacío.

ALEEL.
  Mi silencio lo ha dicho todo, pero
  permitidme que siga a vuestro lado.

CATALINA.
  Mientras palpite estremecido mi corazón,
  no os quiero yo a mi vera.
  Oiréis, en cambio, el vocear del viento,
  el parloteo de los manantiales
  y el agudo chillar del zarapito;
  tendréis la paz del alma que yo ansiaba.

ALEEL.

Dadme a besar las manos.

CATALINA..

En la frente
quiero daros un beso, y, sin embargo,
os alejo de mí. No habléis. Silencio.
Mujeres hubo que al amante suyo
exigieron robase para ellas
coronas de los reinos submarinos,
o manzanas de un huerto en la colina
que guardaba un dragón siempre despierto;
todo para poner a prueba
el valor y el amor de sus amantes.
Ellas se estremecían cuando daban
esas órdenes, como yo ahora tiemblo
al imponeros esta dura prueba
de que hoy os alejéis de mí en silencio,
sin volver ni un instante la cabeza.
Adiós; y no os volváis para mirarme.
Vuestra mirada no soportaría.

(Se dirige lentamente a la capilla y entra. Se oye a lo lejos el toque a rebato de una campana. Entran precipitadamente los dos Mercaderes.)

MERCADER 2.º
Tocan a somatén. Dentro de poco
caerán sobre nosotros.

MERCADER 1.º (*Acercándose a la puerta lateral.*)
Del tesoro
la cámara aquí estáa. Os mandé que a todos
los sumieseis en sueño.

MERCADER 2.º Quizá un ángel
los protegió, o quizá sus oraciones.
(*Entra en la cámara del tesoro, y vuelve a salir carga-
do con talegos de monedas. El MERCADER 1.º se ha
acercado a escuchar a la puerta de la capilla.*)

MERCADER 1.º
Se ha quedado dormida.
(*El MERCADER 2.º sale por uno de los arcos del fondo
y se queda escuchando. Los talegos de monedas están
a sus pies.*)

MERCADER 2.º
Ya el tesoro
tenemos todo en poder nuestro. Huyamos
antes de que descubran nuestra pista.

MERCADER 1.º

Para ganar a esa mujer yo tengo
un plan.

MERCADER 2.º

Y tenéis tiempo suficiente
para matarla, y aun para llevaros
como despojo su alma, antes que caigan
sobre nosotros con sus oraciones.
Van buscando la Torre de Occidente.

MERCADER 1.º

No puede hacerse lo que tú pretendes.
Con las huestes del cielo no podemos
enfrentarnos, si están ellas en guardia.
Por propio impulso su alma ha de seguirnos.
Pero al noveno infierno pertenezco,
que es el más poderoso, porque somos
todos reyes en él. Para ganarla
tengo un plan bien maduro... ¡Oh mi señora,
noticias traigo que mi boca pugna
por pregonar a gritos!

CATALINA.

¿Quién me llama?

MERCADER 1.º
  Noticias os traemos.

CATALINA.
  Y vosotros,
  ¿qué sois?

MERCADER 1.º
  Nosotros somos mercaderes
  que el mundo conocemos como un libro,
  cuyas hojas ha tiempo recorrimos.
  Algo acabamos de leer en ellas
  que os interesa mucho, y como abierta
  de par en par la puerta del castillo
  vimos, hemos entrado para que alguien
  pueda escuchar lo que decir queremos.

CATALINA.
  Abierta siempre está para que nadie
  de cuantos pasan hambre o tienen miedo,
  desespere de hallar aquí socorro
  y una acogida cariñosa... Dijo
  usted que a mi noticias me traían.

MERCADER 1.º

En la Ciénega de Allen hemos visto,
febril y enfermo, al hombre a quien mandasteis
a comprar vacas. Frente al cabo Bello
hemos visto los barcos, que cargados
traéis de trigo, con las velas lacias
en medio de nocturna calma chicha;
inmóviles como ellos, sus fanales,
en los espejos de la mar ardían.

CATALINA.

Gracias sean dadas a Dios, que en casa
dinero hay con que comprar el trigo
a quienes lo han almacenado para
con el hambre del pueblo enriquecerse.
Según veo, vinisteis de muy lejos
e interpretáis los signos de los tiempos.
¿Cuándo, decidme, acabarán las hambres?

MERCADER 1.º

Copia del anterior es cada día.
No hay síntomas de cambio, ni las cosas
pueden cambiar, si el trigo se ha agostado
y han muerto los rebaños de ganado.

CATALINA.

¿Habéis oído hablar de unos demonios
que compran amas?

MERCADER 1.º

Hay quienes aseguran que de lobos
son sus cabezas; que sus miembros tienen
-curtidos en las llamas infinitas-
velocidad de tempestades; otros
afirman que son gruesos y rechonchos
y hay algunos que dicen que su aspecto
difiere poco del de los humanos;
son altos y morenos, cual nosotros,
y muy viajeros; pero están concordes
todos en que tal fuerza sus miradas
tienen, que al que ellos miran dobla el cuerpo
mientras tiran las redes con que captan
las almas; también dicen que no habría
ni uno solo que el alma a esos demonios
no vendiera, si usted, señora mía,
no los cohechara con seguridades
que para el porvenir les da vuestro oro.

CATALINA.

¡Loado sea Dios, que me hizo rica!

¿Y cómo es que las venden?

MERCADER 1.º
Cuando entramos
por vuestra puerta principal, durmiendo
en su garita vimos al portero,
que tiene un alma tan chiquirritina,
que ni siquiera vale cien peniques;
y esa alma en cien coronas se la compran.
Yo les oí decir a esos de que hablo
que por un alma tal como la vuestra
quinientas mil coronas pagarían
y aun más.

CATALINA.
Decidme, ¿acaso un alma
tal montón de coronas valer puede?
¿Tan terrible es morir antes de tiempo?

MERCADER 1.º
Hay quien el alma vende por el brillo
que tiene el oro, y otros por el miedo
que sienten del sepulcro prematuro;
unos porque el matar toda alegría
y el cerrarle la puerta a la esperanza

les produce también un goce extraño;
y el dejarse arrastrar sin resistencia;
y el acabar abriendo anchos los brazos
a las llamas eternas, dando al viento
el trapo todo de las velas todas
para que aquel los lleve a donde él quiera.
Y a estos placeres que rebosan júbilo
propio de condenados, correrían
los hombres y mujeres de esta tierra
si desapareciese el oro vuestro.

CATALINA.
Hay algo, mercader, en la voz tuya
que me inspira temor. Cuando explicabas
de qué manera puede el hombre su alma
perder, al mismo tiempo que a su Dios,
centelleaban tus ojos; pero, en cambio,
cuando explicaste cómo el oro mío
beneficia a las gentes..., perdonadme,
mercaderes..., pero ambos sonreíais
o eso me pareció.

MERCADER 1.º
Me hacía gracia
la idea de estar viendo columpiarse

a todas esas gentes, agarradas
al cordón del zapato de una dama...,
viendo a sus pies las dilatadas llamas
de una hoguera que nunca ha de extinguirse.

CATALINA.
Algo en vosotros hay que a mí me aterra;
algo que de nosotros nada tiene.
¿No nacisteis, acaso, de este mundo
en algún remotísimo paraje?
*(El MERCADER 2.º, que ha estado escuchando junto
a la puerta, se adelanta hacia donde están los otros
personajes, y en ese instante se oye un ruido de pasos
y voces.)*

MERCADER 2.º
Larguémonos, que están ya en el pasillo.
Daos prisa, que van a conocernos;
nos van a congelar los corazones
a fuerza de rezar avemarías,
y con asperges de agua bendecida
abrasarán la piel de nuestro cuerpo.

MERCADER 1.º
Señora, adiós tenemos que deciros,

porque antes de que llegue el nuevo día
hemos de recorrer millas y millas,
y ya nuestros caballos patalean
de impaciencia.

(Salen. Entra un grupo de
Campesinos por la otra puerta.)

CAMPESINO 1.º
  Señora, perdonadnos,
  pero es que oímos ruido.

CAMPESINO 2.º
  En torno al fuego
  naderías contábamos.

CAMPESINO 1.º
  Oímos
  ruidos; la casa toda registramos
  sin encontrar a nadie.

CATALINA.
  Demasiado
  tímidos sois, pues ahora estáis a salvo
  de las miserias que sufríais antes,
  y ningún mal aquí puede alcanzaros.

OONA. *(Entrando presurosa.)*
¡Mal haya! Del tesoro han violentado
la cámara. Encontré la puerta abierta
y se han llevado el oro.
(Los Campesinos dejan escapar un grito lastimero.)

CATALINA.
Estad callados.

(Cesan los lamentos.)

¿Y no habéis visto a nadie?

OONA.
¡Oh Dios del cielo!
¡Pensad que mi señora bondadosa
perdió cuanto dinero poseía!

CATALINA.
Quienes no sean viejos y caducos
de entre vosotros, monten a caballo.
¡Batid la tierra en torno del castillo!
Una granja daré como regalo
a quien descubra y prenda a los ladrones
*(Mientras CATALINA habla, entra un hombre de cuyo
cinturón cuelga un manojo de llaves. Se oye un
murmullo general de: "¡El portero, el portero!")*

71

PORTERO.

Sin duda que han andado aquí los diablos.
Sentado estaba yo junto a la puerta,
dentro de mi garita, y dos lechuzas
vi pasar por mi lado, que con voces
humanas entre sí cuchicheaban.

CAMPESINO ANCIANO.

Dios nos tiene dejados de su mano.

CATALINA.

Anciano, anciano, Dios nunca una puerta
cierra sin que nos abra al mismo tiempo
otra puerta. Me siento desolada,
porque un extraño pensamiento asalta
mi corazón; pero mi fe conservo;
callad, pues, porque Dios no se ha olvidado
del mundo. Estad seguros. Sigue siempre
teniéndolo ante Sí; siempre sus dedos
forma a la arcilla dan y en ella imprimen
su imagen. A lo largo de los tiempos
lucha y lucha la arcilla con los dedos
de la Divinidad, y a gritos clama
que le dejen la holgura informe, espesa,
monótona, en que otrora se encontraba;

y hasta hay veces que escapa de los dedos
divinos, descarríase y entonces
es cuando nacen hordas de demonios.

(Los Campesinos se santiguan)

Con mi aflicción dejadme a solas.
Oigo un murmullo que del otro lado
de la región del trueno hasta mí llega.

(Se aleja de la puerta de la capilla.)

Esperad un instante. Tal vez cuando
volvamos a encontrarnos me haya vuelto
olvidadiza; toma estas dos llaves,
Oona; una de la lechería,
de la despensa es la otra. Tomad esta

(Al PORTERO.)

vos; es la que abre el cuarto pequeñito
en que guardo las hierbas curativas;
las hay de todas clases; y mi libro
de recetas está sobre el estante
más alto.

PORTERO.
¿Y a qué viene todo eso
ahora? ¿Acaso en sueños habéis visto
vuestro féretro?

CATALINA.

No, de ningún modo.

Sí que he tenido un pensamiento extraño.

Desde innúmeras chozas me ha llegado
un rumor de gemidos y sollozos,
y es preciso que yo baje..., que baje...
hasta yo no sé qué profundidades...

Rezad vosotros por los hombres todos
y mujeres que el hambre ha enloquecido;
rezad, buenos vecinos.

(Los Campesinos se arrodillan. La condesa CATALI-
NA *sube por los escalones de la puerta que conduce al
oratorio, da media vuelta, permanece unos instantes
inmóvil, y luego exclama con acento doloroso:)*

¡Oh María,
oh reina de los ángeles, adiós!

¡Adiós vosotras, nubes infinitas
de santos que pobláis el cielo, adiós!

CUADRO CUARTO

A telón corrido, como en la escena II. Cruza por delante un grupo de Campesinos.

CAMPESINO 1.°
He visto plata y cobre; nunca oro.

CAMPESINO 2.°
Es amarillo y reluciente.

CAMPESINO 1.°
Hermoso.
Me han dicho que es la cosa más hermosa
que hay bajo el sol.

CAMPESINO 3.°
Yo he visto bastante oro.

CAMPESINO 4.°
A mí no me parece tan hermoso.

CAMPESINO 1.°

"¿No brilla acaso una moneda de oro
como el sol?", decíame mi padre
siendo yo niño aún; en tiempos mejores
el conoció, y extático exclamaba:
"Es reluciente y bello como el sol;
como el sol, es redondo y reluciente."

CAMPESINO 2.°

Todas las cosas de este mundo pueden,
sin excepción, comprarse con el oro.

CAMPESINO 1.°

Talegos y talegos de oro tienen.
(Hacen mutis. Los dos Mercaderes los siguen, sin
hablar palabra. ALEEL cruza el escenario cantando.)

ALEEL.

Calla, corazón fogoso,
no te encabrites, y calla;
con mi canto soledoso
encubriré la batalla
de este mi amor doloroso.
Quien pudo todo moldear
de su voluntad al rito,

con astros quiso ocultar,
y errabunda luz lunar,
la puerta del Infinito.

Cuadro quinto

La casa de Shemus Rua. Al fondo, alcoba con cortinas, y dentro de ella, una cama; tendido sobre la cama, el cuerpo de MARIA, rodeado de velas encendidas.

Los dos Mercaderes, al mismo tiempo que mantienen el diálogo, colocan un libro encima de la mesa, disponen el dinero, etc.

MERCADER 1.º
Gracias a la mentira que acerca de sus barcos
le dije, y a la otra sobre que enfermo estaba
y febril su vaquero, mañana hemos de vernos
demasiado apremiados por un tropel de almas.

MERCADER 2.º
(¡Qué tiene ahora en sus cofres ella sino ratones?

MERCADER 1.º
Cuando llegó la noche adopté de lechuza

hucheante la forma, pero con rostro humano,
y a los acantilados volé con gran premura.
En mar de plata y sombras descubrí el panorama
de los barcos, cargados de cereal y harina,
con las velas hinchadas por viento favorable;
estaban a distancia de menos de tres días.

MERCADER 2.º
    Y yo, cuando el relente se alzó, como una flecha
    tierra adentro he volado. Hacia el Este. Y he visto
    novecientos vacunos que, en manada frenética,
    a fuerza de aguijones arrean los vaqueros.
    A tres días de marcha solo están de nosotros.

MERCADER 1.º
    Para el negocio nuestro tres días, pues, nos quedan.

    *(Entran los Campesinos en tropel, detrás de TEIGUE
    y SHEMUS.)*

SHEMUS.
    Entrad, entrad y sed muy bien venidos.
    ¡Ved a mi esposa! Ella se ha mofado
    de mis grandes señores, y con ellos
    no quiso tener trato. Vedla ahora.

Tan necia era, que ni lo necia que era
ha llegado a saber.

TEIGUE.
   Probar no quiso
   ni migaja de pan con el dinero
   de estos señores nuestros adquirido;
   y comió ortigas, amargón y malvas.

SHEMUS.
   Nadie logró meterle en la cabeza,
   aunque es cosa tan clara, que la muerte
   es lo peor que sucedernos puede.
   Pero su lengua se enranció con todas
   las mentiras que oía en la capilla.
   Corre tú las cortinas.

                              (*TEIGUE las corre.*)

   Y veamos
   si os mostráis razonables mientras estos
   buenos señores tratan de salvaros.

MERCADER 2.º
   Desde que reina la sequía, en grupos
   van y vienen de un lado para otro,
   como hojarasca que en otoño arrastran

los vientos melancólicos... Veamos,
cerrad trato... Veamos, cerrad trato.

MERCADER 1.º
¿Quién quiere hacer negocio con nosotros?

SHEMUS.
Señor, quitando a cuatro o cinco, todos
están desanimados. He aquí uno
de aquellos; los demás ganarían ánimos
poco a poco.

HOMBRE DE MEDIANA EDAD.
A vender estoy dispuesto,
si el precio que pagáis es razonable.

MERCADER 1.º *(Leyendo.)*
"Juan Maher, hacendado, un poco tonto,
tranquilo, nada osado en sus amores.
Los ángeles le dan por muy seguro."
Pues bien: doy nada menos que doscientas
coronas por un alma, es decir, compro
por ese precio un hálito de aire.

HOMBRE DE MEDIANA EDAD.
   Pido trescientas. Ese libro dice
   que no soy hombre que haya de ser vuestro
   solo con que dejéis correr los días.

MERCADER 1.º
   Algo más aquí encuentro escrito... "Muchas
   noches despierto suele estar, por miedo
   a caer poco a poco en la pobreza,
   y entonces se pregunta si no hay alguien
   a quien sin riesgo despojar podría."

UN CAMPESINO.
   ¿Quién pensara tal cosa? ¡Yo, que estuve
   con él a solas cierta noche!

OTRO CAMPESINO.
   Ni de mi propia madre he de fiarme
   después de eso.

MERCADER 1.º
   Son buen precio doscientas
   para un defecto así.

UN CAMPESINO.
  Mucho dinero
  ese es por un granuja.

OTRO CAMPESINO.
  Ni un penique
  por él daría yo.

SHEMUS.
  Tomad, amigo,
  lo que os ofrecen. Ese es vuestro precio,
  y de él no han de pasar, estad seguro.
  (Hay un murmullo general mientras el HOMBRE DE
  MEDIANA EDAD toma el dinero, se retira al fondo y se
  deja caer en una silla.)

MERCADER 1.°
  ¿Nadie me ofrece un alma mejor que esa?
  Siquiera por el crédito del pueblo,
  haced negocio con nosotros...

UNA MUJER.
  ¡Sea!
  ¿Qué pagáis por mi alma, caballeros?

MERCADER 1.º *(Leyendo.)*
   "Tierna y hermosa, joven todavía."
   Estoy viendo que no podrá ser mucho.
   "El hombre con quien ella está casada
   ignora lo que oculta dentro del jarro
   que está entre el bote de pimienta
   y la clepsidra."

LA MUJER.
   ¡La de ese libro es una gran calumnia!

MERCADER 1.º
   "Y también ignora
   que cuando él está ausente en el ferial
   de caballos, la mano que la carta
   escribió que escondida está en el jarro,
   dará tres golpecitos en el vidrio
   de la ventana, para que ella le abra."

LA MUJER.
   ¿Que hay una carta? ¡Bueno! es acaso
   razón para que a mí me paguéis menos?

MERCADER 1.º
   Eres ya casi nuestra. Doy cincuenta coronas.

(La MUJER se da vuelta como para marcharse.)

SHEMUS.

¿No hace el precio? Cien te ofrezco.
Mujer, sé razonable, vamos, vamos.
No es hora para andar en regateos.
Acéptalo, mujer... Así... Trato hecho.
*(La MUJER toma el dinero y se pierde entre la mul-
titud.)*

MERCADER 1.º

¡Haced negocio, ea, haced negocio!
Podéis creernos; si compramos almas,
por caridad lo hacemos; mil pecados
cometidos por ellas, dueño hicieron
de las mismas al amo señor nuestro
antes de que llegáramos nosotros.

(Entra ALEEL.)

ALEEL.

Ea, tomad mi alma; ya cansado
de ella estoy. Y además la vendo gratis.

SHEMUS.

Dice que gratis vende el alma. ¿Cómo

puede venderse gratis una cosa?
No rige bien. Yo no le haría caso.
Su amor por la condesa Catalina
de tal manera le ha sorbido el seso,
que ni siquiera sabe lo que dice.

ALEEL.
La desgracia ocurrida a la condesa;
la pena que en su rostro demacrado
se retrata; la angustia de sus ojos,
me hacen, sin duda, desvariar. Con todo,
y aun sin eso, os entrego yo mi alma.

MERCADER 1.º
Vuestra alma pertenece a la condesa.
No podemos tomarla.

ALEEL.
Os lo suplico.
Llegué a sentir hastío de mi alma,
pues no puede servir a Catalina...

MERCADER 1.º
A un lado haceos. Ni tocarla puedo.

ALEEL.

¡Pequeño es tu poder! ¿Será preciso
que cargue con mi alma mientras viva?
¡Ojalá que hagan todos de ti escarnio!
¡Ojalá seas para todos befa!

MERCADER l.º

Lleváoslo de aquí, que me molesta.
    (*TEIGUE y SHEMUS meten a ALEEL entre la gente.*)

MERCADER 2.º

Hermano, la mirada de ese hombre
me ha sumido en espantos y temblores.

MERCADER l.º

Inclínate, y el círculo que cine
mi frente besa donde el amo nuestro
puso sus labios antes de enviarnos
a esta parte del mundo; así el sosiego
pronto recobrarás.
(*El MERCADER 2.º besa la franja o círculo de oro que
cine la cabeza del MERCADER l.º*)
También cansado
me siento yo; pero algo hay que se agita
aquí, en mi corazón, y que me dice

que aquello que ante todo perseguimos
esta próximo, y que nuestros afanes
muy pronto acabarán... ¡Ea, acercaos!
¡Compro almas, almas compro, haced negocio!
¿Os habéis vuelto mudos? ¿Alejado
queréis tenerme del que fue hogar nuestro
y de la diversión eterna?

MERCADER 2.º
¡Ea!
¡Compro almas, cerrad trato, cerrad trato!

SHEMUS.
Dicen que a la mujer la malpagasteis.

MERCADER 1.º
¡Oíd que ofrezco un precio de locura!
Doy mil coronas por mujer ya vieja
y que haya sido desde niña fea.
(Se adelanta una ANCIANA campesina y el MERCA-
DER echa mano a un libro y lee:)
Poco es lo que aquí consta en contra de ella.
"Huevos hurtó y gallinas en sus tiempos
difíciles; mas luego, cuando aquellos
mejoraron, se confesó de todo;

nunca faltó en domingo a su capilla;
cuando pudo, pagó lo que debía."
Llevaos el dinero que he ofrecido.

ANCIANA.
Señor, Dios os bendiga.

(Lanza un grito.)

Un dolor vivo
me ha traspasado el cuerpo.

MERCADER 1.º
Ese nombre que ahora pronunciasteis
puñal de fuego es para las almas réprobas.
*(Se oye un murmullo entre los Campesinos, que se
apartan de la ANCIANA cuando esta sale.)*

UN CAMPESINO..
¡Qué chillido horrible el suyo!

CAMPESINO.2.º
Es posible que así también chillemos nosotros.

CAMPESINO. 3.º
Pues yo os digo que ese sitio
que infierno llaman es invención pura.

MERCADER l.º
  ¿Y por una minucia como esa
  renunciáis a un seguro beneficio?
  ¡Ea, llegad, llegad! ¡Cerremos trato!

HOMBRE DE MEDIANA EDAD.
  Miedo tengo, señor.

MERCADER l.º
  ¿Miedo sin alma?
  Eso es absurdo. Yo compré la tuya.

HOMBRE DE MEDIANA EDAD.
  Devolvédmela.

LA MUJER. *(Arrodillándose y aferrándose al MERCADER.)*
  Yo os devuelvo el oro
  que me disteis, y os pido el alma mía.

MERCADER 2.º
  Engendra hijos bastardos, bebe o sigue
  cualquier desatinada fantasía.
  Los llantos y suspiros son tarea
  propia del alma, y tú ya no la tienes.
                    (Arroja lejos a la MUJER.)

CAMPESINO.
Marchémonos de aquí.

OTRO CAMPESINO.
Sí, sí; salgamos.

OTRO CAMPESINO.
De prisa. Mi alma yo habría perdido
sin el chillido que lanzó esa anciana.

OTRO CAMPESINO.
¡Vámonos ya, salgamos!
*(Se dirigen hacia la puerta, pero se detienen al oír
gritos fuera.)*

GRITOS FUERA.
¡La condesa
Catalina! ¡Aquí llega la condesa!

CATALINA. *(Entrando.)*
Siguen, por lo que veo, negociando.

MERCADER 1.º
A pesar vuestro, santa de los ojos
de zafiro. ¿Qué os trae a estos lugares?

CATALINA.
Vender un alma quiero a precio altísimo.

MERCADER 2.º "
¿Qué importa el precio, si lo vale el alma?

CATALINA.
Hambriento esta mi pueblo, y por hambriento acude
en tropel a vosotros. Noche y día sacude
su grito doloroso mis tímpanos. Quisiera
quinientas mil coronas, si el trato os conviniera.
Podría de ese modo darle al pueblo alimento
hasta que lleguen días de abundancia y aliento.

MERCADER l.º
Muy bien podría un alma valer tal cantidad.

CATALINA.
Hay más: las que comprasteis pondréis en libertad.

MERCADER l.º
Solo hay para mí un alma de tan alta valía.

CATALINA.
Pagarla en lo que vale no podéis; ¡es la mía!

MERCADER 2.º

Según eso, vinisteis a ofreceros...

CATALINA.

¡Mi alma!

UN CAMPESINO.

¡No hagáis tal, no hagáis tal!
¿Quién oye esto con calma?
En menos que vuestra alma, las nuestras tiene Dios.
¿Qué sería del cielo si en él faltarais vos?

OTRO CAMPESINO.

Ved cómo engarabitan uno y otro usurero
sus manos enfundadas en los guantes de cuero.

MERCADER 1.º

Quinientas mil coronas; vuestro precio aceptamos,
y aquí tenéis el oro; las almas no os las damos
porque ya no son nuestras; rompieron sus prisiones
mientras con vos hablábamos; llenó sus corazones
la luz esplendorosa que vuestra faz derrama;
mas la compra de un alma de tanto lustre y fama
como la vuestra, exige cumplir los requisitos.
Firma y rúbrica avalan compromisos escritos.

MERCADER 2.º

Firmad con esta pluma que al gallo fue arrancada
que cantó cuando Pedro hizo la gran hombrada
de negar al Maestro suyo; cuantos escriben
con ella, en los infiernos honores mil reciben.

(CATALINA se inclina hacia adelante para firmar.)

ALEEL. *(Se precipita hacia adelante y le arrebata la pluma.)*

¡Dejad todo al cuidado del Creador del Cielo!

CATALINA.

Pensar no puedo; escucho un clamor, un anhelo.

ALEEL. *(Arrojando la pluma al suelo.)*

A la sombra de un verde seto de espinos
y escaramujos tuve sueños divinos:
Aún han de oír los hombres cosas extrañas;
más alto que las cumbres de las montañas
arrastrarán arcángeles la calavera
hueca de Satanás.

MERCADER 1.º

¡Arrojadlo fuera!

(TEIGUE y SHEMUS se lo llevan a empujones, hacién-

dolo caer al suelo entre los Campesinos. CATALINA
echa mano al pergamino y firma, y acto continuo se
vuelve hacia los Campesinos.)

CATALINA.
Con el oro entre todos cargad, y luego
cuando estemos ya lejos de este antro ciego,
pestilente, a cada uno, y en propias manos
os daré suficiente dinero, hermanos.
(Sale rodeada de los Campesinos, que le besan el ves-
tido. Quedan solos ALEEL y los MERCADERES.)

MERCADER 2.º
Será preciso que de aquí salgamos
y en lo alto de su torre nos sentemos
como grises mochuelos, siempre en vela
nuestra preciosa joya vigilando
los años que haga falta; y a su muerte
nos apoderaremos de su alma.

MERCADER 1.º
Bastará con que el vuelo remontemos
cerniéndonos por sobre su cabeza.
Solo minutos de vivir le quedan.
Su corazón resquebrajado cuando

puso su firma en el papel... ¡Silencio!
Oigo cómo, broncíneas, las puertas
del Averno se mueven en sus goznes,
y de la eterna francachela el coro
hacia aquí viene para darnos ánimo.

MERCADER 2.º
Hazte ave carnicera, vuela en alto,
y sal a recibirlos con el alma
de Catalina presa entre tus garras.
(Se precipitan fuera. ALEEL se arrastra hasta el cen-
tro de la habitación. El crepúsculo se va haciendo
noche cerrada conforme avanza la escena. Se oyen
retumbos lejanos de truenos y los ruidos de la tem-
pestad que se está levantando.)

ALEEL.
De par en par se ha abierto la broncínea
puerta, y en su pesado carro
viene hacia aquí Bálor; todos los diablos
entreabrieron los párpados, cansinos
de eternidades,
de los ojos que otrora convirtieron
nuestros dioses en piedra;
llega el traidor Barach, con su progenie

de vicios llena y de lascivia;
y Cailitin, del que heredaron Saultim
y el hijo de Dectora
un druidismo débil y caduco;
puso el Averno
sobre el ilustre rey por vez primera
la garra cuando a Naise
mató y de Deirdre el corazón rompiera.
Traen todos torcido el cuello
hacia un lado, porque en su vida siempre
a la belleza y al sosiego,
con obstinado, astuto, traicionero
encono, guerra hicieron.

(Entra OONA.)

Vieja garza, acuclíllate; la tempestad se acerca.

OONA.

¿Dónde está la condesa Catalina? Sus ojos
todo el día estuvieron de lágrimas cuajados;
sobre mi mano puso la suya y le temblaba;
y ahora ignora adonde se marchó.

ALEEL.

Catalina
eligió otros amigos distintos de nosotros,

y esos amigos suben por el cóncavo mundo.
Vieja garza, los diablos salieron del infierno
y andan sueltos y libres.

OONA.
¡Que Dios guarde su alma!

ALEEL.
Hace solo un momento que la ha vendido, como
si tú y yo nunca hubiéramos vivido en este mundo.
                    (Apunta hacia abajo con el dedo.)
Delante viene Orchila; su rostro, bello y pálido,
vivo está; mas su cuerpo es sombra inconsciente,
cual neblina que el viento deshace contra el alba;
la que el carnal deseo despierta, solo tiene
un corazón de sangre cuando los otros mueren.
Alrededor de Orchila, multitud vaporosa
de hembras que a los demonios fascinan con risitas;
un ejército, celo de sangre hecha pecado,
la sigue; pero todas las uñitas carmíneas
han crecido hasta hacerse grandes garras.
(Agarra a OONA, *la arrastra hasta el centro de la
habitación y apunta hacia abajo con gestos vehemen-
tes. Se oyen los rugidos del viento.)*
Ahora

98

una canción empiezan.
Hay música en sus lenguas todavía.

OONA.

¡Oh Supremo Hacedor de las cosas,
dignaos protegerla de todos los demonios!
Si un alma ha de perderse, yo os ofrezco la mía.
*(ALEEL se arrodilla al lado de OONA, pero no parece
prestar atención a las palabras de esta. Regresan los
Campesinos trayendo a la condesa CATALINA y la
colocan tendida en el suelo, delante de OONA y de
ALEEL, donde queda como muerta.)*

OONA.

¡Y cuando medran tantas vasijas de vil barro,
el ánfora se quiebra de fina porcelana!

UN CAMPESINO.

Bajo el árbol estábamos, donde dobla el camino;
de pronto la invadieron palideces de muerte
y cayó en un desmayo; cuando hacia aquí veníamos
con ella a cuestas, ráfagas de viento envuelto
        en nubes
el mundo ennegrecieron, haciéndonos temblar.
¡Corred el gran cerrojo de esa puerta, pues nadie

vio tempestad tan fiera, tan súbita y siniestra!
(Un Campesino que está junto a la puerta corre el
cerrojo.)

CATALINA.
¡Por favor, sujetadme, sujetadme con fuerza!
¡La tormenta me arrastra, me arrastra la tormenta!
(OONA la toma en sus brazos. Una MUJER empieza
a gemir.)

CAMPESINO.
¡Chssst!

OTROS CAMPESINOS.
¡Chssst!

CAMPESINAS.
¡Chssst! ¡Silencio!

OTRAS CAMPESINAS.
¡Chssst!

CATALINA. *(Incorporándose a medias.)*
Apilad los talegos del dinero.
Cuando se haya extinguido ya mi vida,

que tú, Oona, los repartas quiero
entre toda la gente dolorida.
Emplea tu buen juicio; da la ayuda,
según lo necesite, a cada cual.

UNA CAMPESINA.
Decidle que a mis hijos siempre acuda
mientras que dure la escasez actual.

OTRA CAMPESINA.
¡Oh Reina de los Cielos, oh María!
¡Oh santos! ¡Que ella obtenga absolución,
aunque, a cambio, se pierda el alma mía
y los míos no logren confesión!

CATALINA.
Oona, sobre mi tu frente inclina.
Haz tu lo mismo, Aleel; mirarlas quiero
como mira emigrante golondrina
el nido en que vivid bajo el alero.
Mucho no me lloréis; no es nada un cirio;
mil arden siempre en el altar mayor.
¡Oh Aleel, que me cantabas el delirio
de danzarinas que en el bosque en flor
desconocen agobios, porque es solo

un hálito su cuerpo angelical!
Te digo adiós, y a ti, mujer sin dolo,
Oona. ¡Mi nodriza maternal,
que en brazos me llevabas por la casa
y conmigo jugabas cuando yo
era niña y feliz; feliz sin tasa,
cual las danzantes de que Aleel me habló!
...Siento entre mis cabellos la tormenta;
no tengo más remedio... He de marchar.

(Expira.)

OONA.

Dame un espejo para ver si alienta.
*(Una de las Mujeres se lo trae de un cuarto interior,
y OONA lo mantiene sobre los labios de CATALINA.
Reina por unos instantes un silencio absoluto, y luego
OONA exclama, gimiendo:)*
¡Ha muerto!

UNA CAMPESINA.

¡Oh lirio albísimo sin par!

OTRA CAMPESINA.

Más hermosa tú eras
que una estrellita pálida.

OTRA CAMPESINA ANCIANA.
Se quebró en dos el tallo
de mi flor adorada.
(*ALEEL quita a OONA el espejo y lo estrella en pedazos contra el suelo.*)

ALEEL.
Rómpete en mil pedazos,
pues no existe la cara
que por tus bordes mismos
belleza rebosada.
Y tú, corazón triste,
muere; quien vida y alma
te dio con sus dolientes
y divinas palabras
ha muerto. ¡Y tu viviendo
sigues, arcilla en llamas!
Bórrate de mi vista,
tierra orgullosa y vana.
Borra, oh mar, tus azules
y el penacho de plata.
Ya no oiréis el leve
ruido de sus pisadas;
quedasteis solitarios
cuando legiones blancas

de espíritus angélicos
se traban en batalla
con todo el infierno.
*(Se pone en pie: casi todos están arrodillados, pero la
oscuridad es tal, que solo se distinguen formas confu-
sas.)*
Y yo, deshecho en lágrimas,
te maldigo, Destino;
te maldigo, Mudanza:
sobre ti lanzo, Tiempo,
mi maldición airada.
Solo poner ya puedo
mi más bella esperanza
en el momento cumbre
de que os trague la Nada.
¡De que os trague el espacio
en su insondable entraña!
*(La luz de un relámpago, seguido inmediatamente
por el retumbo de un trueno, ilumina la escena.)*

UNA CAMPESINA.
    ¡Haced que se arrodille,
    antes que sus bravatas
    sobre nuestras cabezas
    el rayo nos atraigan!

ALEEL.

Ángeles y demonios
combaten y batallan
en las alturas; se oyen
los golpes que descargan
sobre yelmos broncíneos,
broncíneas espadas.

(Otro relámpago, seguido de otro trueno.)

Algún brazo potente
dispara una azagaya
que, entrando por un ojo,
en el cráneo se clava
de Bálor; las legiones
infernales escapan
entre gritos de espanto,
como en su desbandada
de antaño, ante Moytura,
de flamígera espada.

(Las tinieblas lo cubren todo.)

UN ANCIANO.

Nuestras grandes maldades
la ira han despertado
del Dios de Eternidades,
y el mundo ha aniquilado.

La muerte merecimos.
Es justo que muramos.
(Una luminosidad fantasmal rompe la oscuridad. Los Campesinos están arrodillados en lo que parece ladera rocosa de una colina. Detrás, y por encima de ellos, pasan nubes vaporosas cargadas de tormenta, entre cambiantes continuos de luz. En medio de las luces y las sombras se ve a las huestes angélicas armadas con armaduras antiguas y gastadas, y empuñando espadas cuyas hojas están sin brillo y melladas. Parece que se sostuvieran en el aire y en formación de combate, y miran hacia abajo con rostros severos. Los Campesinos se pegan al suelo. ALEEL sujeta a uno de los espíritus angélicos.)

ALEEL.
No sigas contemplando las entornadas puertas
del Infierno; mi alma de Dios henchida está.
De la mujer que ahí yace dame noticias ciertas,
y mi alma para siempre lo mortal dejará.
Sujeto he de tenerte, de manera que no halles
medio de ir a tu esfera eterna mientras calles.

EL ANGEL.
La luz se va alejando; de par en par abiertas

están las irisadas y celestiales puertas.
Sus plantas ya han pisado de la paz la mansión.
La de las siete heridas en pleno corazón,
Madre de los Dolores, la boca le ha besado,
y el rostro sus cabellos benditos han rozado.
Luz de todas las luces, el Ojo del Eterno
solo ve la intención; no el hecho que es externo.
La sombra de las sombras que entenebrece el mundo
el hecho externo capta; no cala en lo profundo.

(ALEEL suelta al ANGEL y se arrodilla.)

OONA.

Diles a los que habitan la mansión de la paz
que hasta morir y verla ya no he de hallar solaz.
Los años, bueyes negros, pisotean las vidas,
y Dios, que es el boyero, les clava el aguijón.
Sus pezuñas majaron mis carnes doloridas.
Sus pisadas han roto mi pobre corazón.
*(Del corazón mismo de la luz parece llegar un lejano
sonido de clarines. La visión se desvanece poco a
poco, y una débil luminosidad deja ver las siluetas,
casi esfumadas, de los Campesinos arrodillados.)*

FIN

Ivan Turguenev:
Hamlet y Don Quijote

Manuel Azaña:
Cervantes o la invención del Quijote

Marcel Proust:
El caso Lemoine

Wilhelm Dilthey:
Satanás en la poesía cristiana

Vladimir Maiakovski:
La chinche

Ramón Gómez de la Serna:
Gérard de Nerval, una vida

John Reed:
Pancho Villa (1878-1923)

Yvonne Bourget:
Sarah Bernhardt, actriz (1844-1923)

Luigi Pirandello:
Enrique IV

G. K. Chesterton:
Magia

R. W. Emerson:
Shakespeare y Goethe

André Gide:
Oscar Wilde: in memoriam

www.archivosvola.es

www.archivosvola.es